구름을 베고 가는 햇살처럼

구름을 베고 가는 햇살처럼

2025년 9월 17일 초판 1쇄 인쇄 발행

지은이	송병호
펴낸이	박종래
펴낸곳	도서출판 시담, 명성서림
등록번호	제2016-000070호
주소	04625 서울시 중구 필동로 6 (2, 3층)
대표전화	02)2277-2800
팩스	02)2277-8945
이메일	msprint8944@naver.com

값 10,000원
ISBN 979-11-90721-38-7

본 책의 구성 및 맞춤법, 띄어쓰기는 작가의 의도에 따랐습니다.
이 책의 저작권은 저자와 도서출판 명성서림에 있습니다. 무단 전재 및 복제를 금합니다.
이 책 내용의 일부 또는 전부를 재사용하려면 반드시 저자와 도서출판 명성서림의 동의를 얻어야 합니다.
파본은 구입처에서 바꾸어 드립니다.

이 시집은 한국예술인복지재단 창작지원금으로 출간되었습니다.

구름을 베고 가는 햇살처럼

송병호 시집

명성서림 시담

시인의 말

나는 처음 시집을 내면서
아래와 같이 적었다 여전히 진행형이다

꽃이
자기 향기가 어떻게 되는지 알 수 없는 것처럼
나는 내 삶이
어떤 결과를 가져올지 모른다는 것이 두렵다
목회 30여 년, 정년을 마친 종심從心너머 세 뼘 더
여전히 삶이 한 줄 문장이라는 것을 이해할까 하는
오늘
이처럼 또 한 번의 시집을 선물해 주신 하나님께
영광을 돌린다

사람이 무엇이 관대 주께서 저를 생각하시며
인자가 무엇이 관대 주께서 저를 권고하시나이까
저를 천사보다 조금 못하게 하시고
영화와 존귀로 관을 씌우셨나이다
(시편 8편 7-10)

2025년 가을에

차례

시인의 말   5

제1부 * 사랑한 이야기

해돋이	14
AI, 시혼을 엿보다	15
세월이라는 것이 이처럼 가벼운데	16
사모곡	17
번민주의보	18
청청淸淸을 뜨다	19
종심從心	20
낡은 헝겊	21
살아간다는 것	22
악착같이	23
동백冬柏	24
그때는 낭만이었네	25
섬나라 삼백용사	26
밀담	27
산사에서	28
추엽을 덖다	29
설령 아닐지라도	30
입영	31

첫사랑은, 왜 그런 말처럼	34
모래성	35
우리가 서로 사랑하자	36
신의 은총	37
그도 맞고 이도 맞고	38
동백이거나 목련이거나	39
화장하는 여자	40
진도대교	41
쓰레기 카페	42
구원의 소비	43
막연히 이맘때가 되면	44
한하운 시인	45
헐몬의 이슬이 내림 같이	46
허수와 참새	47
AI, 만고의 경전	48
쉬	49
홍도평 기러기 날고	50
낮달	51

제2부 ∗ 동백이거나 목련이거나

차례

제3부 * 염전		
백지에 쓴 시	54
아버지의 집	55
지구 안 내 지분	56
문맹의 교시	57
천년의 성	58
첫눈	59
변명 같아도	60
섬	61
좋은 세상 다 살았어요	62
구름을 베고 가는 햇살처럼	63
뭇별	64
새벽 저편	65
미필적 고의	66
우아하고 아름답고	67
자서전적自敍傳的 자서自書	68
습지에서	69
나비	70
습작, 아무래도	71

견문발검 見蚊拔劍	74
시인의 봄	75
무대 밖 사람들	76
벽시계	77
네버랜드 칸타빌레	78
맨드라미 펜션	79
혀	80
부처님 자비	81
조강 祖江	82
초혼	83
나를 쓰다	84
환유의 법칙	85
무엇이나 그러하듯이	86
하루살이	87
안팎	88
바람 시린 통증에도	89
오늘은 타인	90
신명심보감 新明心寶鑑	91

제 4 부 ＊ 무엇이나 그러하듯이

차례

제5부 * 가을 연가

가을, 하얗게 저미는 바깥	94
시차여행	95
돌싱	96
날마다 새벽처럼	97
봄의 연가	98
시인의 잠꼬대	99
셀로판지처럼 바삭거리는 사월의 별	100
다도해 홀섬	101
차 한 잔 그리운 날	102
부재중	103
봄은 유년으로 오고	104
어머니 몸꽃	105
악성은 유행을 탄다	106
AI, 평화론	107
무인카메라	108
밤栗, 우아한 외출	109
코스모스	110
습작 혹은 낙필유예	111

짧은 한 줄 서평	112
3편의 에세이 • 아름다운 승부	116
• 이유 있는 항변	123
• 목사님의 거짓말	131
비워둔 칸 하얀 여백	137

제1부 사랑한 이야기

해름의 사면
아무도 없는 어느 한 길, 거기
저 혼자 서 있는 것처럼
그보다 더 여린 것이 또 어디 있을까

해돋이

바다 밑 깊은 곳
어딘지 어디쯤에

보이지 않아 없는 것이 아닌 것처럼

필경은
신도 모르는
대장간이 있을 거야

AI, 시혼詩魂을 엿보다

시온의 사유를 캐 시집을 지어보자
시냇가의 나무가 시절을 따라 푸름같이*
새 움을 튼
ai 가라사대
다윗 시를 읊고

에덴을 밝힐 영시詠詩를 밝히 짓자
은유를 버무린 문체 낭랑한 언어의 혼
태곳적
만고의 ai
새 장을 경영하고

* 시편 24편

세월이라는 것이 이처럼 가벼운데
- 향수

하루가 역류하는 대나무 얽긴 평상
모깃불에 갇힌 남포등 불을 밝히면
할머니 청양고추 띄워
오이냉국 차리시고

대숲의 산다는 삼촌 친구 산도깨비
눈꺼풀 풀리는데 여전히 소식 없네
툇마루 옹이구멍에
발가락이 낀 소슬함

간단없이 서성이는 여름밤 통증하나
모조품 짝사랑은 어디서 사랑할까
걸음이 포장마차에
한잔하고 가자하네

사모곡

황량한 굽이굽이 연민이 걸려있네
산포散布된 파편들이 뒤태를 복기하네
외줄의
단아한 고요
객석 없는 커튼콜

오월의 구름 꽃이 바람에 사위던 날
집 한 채 지어놓고 별이 되신 어머니
성긴 틈,
국화 한 송이
안겨드린 하늘 길

천국이 따로 있어 언젠가 나도 가면
어머님 찾아뵙고 꼭 물어볼 말이 있네
어쩌자고
다섯 손가락
그리 두고 가셨는지

번민주의보

동動의 존재적 본질은 時이듯이
정靜이 추구하는 것은 詩인데

왜 현현玄玄의 집착은 착란에 이끌려
여린 아픔을 생산하는지

삼월에 내리는 함박눈도 그렇고
시월에 꽃피는 흑장미도 그렇고

청청淸淸을 뜨다

호수에 빠진 파스텔 색조
가을,
너무 아까워
저축할 수 있어서
이만큼 떠 두었다가
유순한 믹스커피 같은
달달한 첫사랑이 그리운 날
요만큼씩
꺼내다 쓰면
얼마나 좋을까

종심從心

경에 사람의 년 수가 칠십이요
강건하면 팔십이라는데*

그새 이만치
손쉬운 일에도 핑계만 늘고

지하철 자리 양보에 얼굴 붉히며
멋쩍은 손사래 허공을 가른다

할아버지,
짧은 외마디
하염없을 덧없음

*시편 90편

낡은 헝겊

한걸음 가까워진 편찮은 분리처럼
시작은 여기인데 별섬이 저기라도
기어이 가고 말더이다
천리길 마다않고

해 저녁 산마루에 초승달 얹힐 무렵
늘그막에 벗 삼자던 빛 고운 인연도
기어이 지고 말더이다
하룻밤에 꽃잎 지듯

살아간다는 것

쉼표를 가정한 물음표가 아닐는지
귓등의 걸어둔 표정을 읽는 공손함
어쩌다
뒤돌아보면
통증뿐인 페이지

바람에 의지한 실없을 어깨위의 짐
발바닥 온기하나 데우지 못할 한데
굴곡진 길
비틀거려도
곧추세운 허리춤

악착같이

수신기 엇박자에 달팽이 무단횡단
갓길에 멈춰서서 주파수 맞춰본다
훑고 간
장마 끝자락
이정표는 없는데

베란다 끄트머리 실외기 단독주택
열대야 어쩌라고 황조롱이 둥지트네
에어컨
애끓는 홑창
언제까지 버틸까

동백冬柏

설한
절조節操, 어머니 빈자리에 큰 누님 앉으셨네

섧디
설운 꽃술에 이슬 젖은 한음恨音인가

진다
통째로 꺾이는 저 처연함

봄,
떨어진다

그때는 낭만이었네

해름의 노을 비낀 부여길 고속도로
꿈꾸듯 스쳐 가는 차창의 해그림자
핸들에
장단 맞추며
불러보는 고향역

반딧불이 얼굴 붉힌 샛강에 미역감고
누이들 별을 딴다 물세례 텀벙 일 때
눈 흘겨
훔쳐보다가
꿀밤 맞던 멋쩍음

섬나라 삼백용사
– 여의도

꾼들이 귀엣말로 지각을 판짜는데
여기는 텃새마당 저기는 철새마당
사임당
볼멘 목소리
자존심 좀 살려줘

철새든 텃새든 이소때가 다가오면
떼지어 모듬으로 다투어 울어댄다
이주한
이국 섬나라
삼백 용사로 살고

밀담

서사가 서정인가
서정이 서사인가

풍문의 눈덩이는 겹겹이 여상한데

상상을
우리는 밀담
실어증을 덮는다

산사에서

바람과 구름과 사리탑과 푸른 합장
적송에 비낀 노을 커가는 해그림자
주지승
저녁예불에
깨금발 선 청설모

대웅전 달빛 모아 단청을 채색하고
듀엣의 염불 독경 속세를 정화하네
부처님
눈썹에 꽃핀
우담바라 바람꽃

추엽을 덖다

마른 장작이 불꽃을 지피는 저녁
떼지어 다니는 불량배 같은 바람
차 한 잔
우려내는 휴休
산허리의 묵화 한 점

상상은 무제나 부제나 미궁의 홀
목간의 각인된 미완의 서사일 뿐
화덕은
뜨겁게 울어대고
유념留捻을 덖는, 시작이다

설령 아닐지라도
- 자술서

해묵은 고백하나 구름 수레에 실린다
아무도 없는 해름의 사면 어느 한 길
나 혼자 서 있는 것처럼
그보다 여린 것이 또 있을까

발자국이 사라진 초기화된 모래사막
에는 살결로 대응했을 바람의 현훈眩暈
햇살은
첨탑에 띠를 매
빚진 무릎을 누이고

촘촘히 소용을 훑지만 여전히 빈 칸
새벽이 되도록 어디에도 나는 없었다
못다 한 말
십자가 목간에 새긴
나는 당신의 사람입니다

입영

눈물 없는 이별을 한다

그나마
돌아올 날이 약속된 이별은
견딜만하다

초승달 뒤로 걷는
노을 비낀 어스름

그제야
그렁그렁 눈물이 난다

제2부 동백이거나 목련이거나

동백섬
눈썹달은 하얗게 여미는데
입술선
첫사랑 지듯
꺾이고서 더 붉은 꽃

첫사랑은, 왜 그런 말처럼

새벽은 이슬처럼 흘림체로 내리고
유순한 덧니미소 아련히 스며드네
손끝에
흘린 화선지
미완성의 사랑도

황혼이 흩날리네 초록이 하얘지네
판도라 상자안의 연분홍 와인터널
휴대폰
사진 몇 장이
편집되고 있었네

모래성

헝겊 기운 운동화 구멍 뚫린 목장갑
있는 것 없고 없는 것 없는 너와 나
다툼도 없고 시기도 없고
바라지도 않았고

으뜸이 아니면 실망하고 상처받고
인기가 아니면 막장으로 떨어지고
하릴없이
냄새도 없이
변해가는 눈높이

우리가 서로 사랑하자*
– 我門彼此相愛

우리가 한평생을 누구로 살아갈까
어제는 타인으로 오늘은 은인으로

사랑해서
사랑한 사람
우리 서로 사랑하자

*요한일서 4장 7절

신의 은총

어둑한 고샅길
전봇대의 살붙이 보안등은
하루살이의 마지막 성전이다

거기, 구푸리고서
기도하는 남자, 폭포수 쏟아내듯
썩은 근육을 털어낸다

어디선가
Amazing grace
높은음자리의 바이올린
빗나간 속량을
씻는다

그도 맞고 이도 맞고
- 시인의 말

바람과 구름과 낮달과 날빛
그리고 별과 시
어디서 들어본 아린 시혼

맞다

인간과 인간의 본질, 상호 연관성
신과 인간의 속성을 비교하는 시적 서사?
어디서 엿들은 ai역풍

맞다

쓸쓸함 그도 유순한 중심 밖
익숙한 것들이 뜸해지는 이면의 계약서 같은

맞다

그도 맞고 이도 맞고

동백이거나 목련이거나

무른 살 통증의 섬, 누엣결 화농인가
동백섬 눈썹달은 하얗게 여미는데
입술선
첫사랑 지듯
꺾이고서 더 붉은 꽃

바람과 숲과 운율, 첩경의 아지랑이
유혹을 은유하는 겨드랑이 간지러운
목련꽃
화사한 봄날
어여쁘신 누이여

화장하는 여자

출근 시간은 한걸음 빨리 온다

손거울로 들어간 손끝이 부산하다
지하철이 흔들릴 때마다 눈썹 선을 잡는데
애먹는다, 새의 깃털 같다

저 여인의 눈썹은 어떤 새의 깃털일까
얼핏 모나리자의 눈썹이
파랑새가 되어 날아갔다

이번 역은 시청역입니다

포르릉
팔색조 한 마리 날아간다

진도대교

해남 진도 명량대첩
열두 척의 전선으로

백서른셋 왜의 전함, 충무공 죽으면 죽으리다

아수라
울돌목 해전
핏빛 노을 시리다

쓰레기 카페
- 길고양이

외눈의 보안 등은 비린 것들의 종착역
말들이 깨어나는 새벽의 축복송가祝福頌歌
예각을
쓰다듬는 숲
불꽃으로 타는 생

바람 실린 착란은 한낮의 환청일까
발톱 세우자 빈 그릇의 재활용?
뒤집힌
결 다른 카페,
발꿈치에 차이고

구원의 소비

순례자로 살았어도
모호한 광장의 출처

허기로 그린 거꾸로 선 사실화 한 점

광막廣漠한,
세모의 향방
나뉘지는 이정표

막연히 이맘때가 되면

시간을 훔친 허공
사실이 텅 비었다

어디로 가는 걸까 어디서 오는 걸까

서너 걸음
하룻길 끝인
금 없는 국경에서

한하운 시인

한生은 같아도 같지 않은 삶으로
하늘이 내렸다는 천형, 서럽지도 않은 것이 더 슬픈 것처럼
운명을 이끌어내 시운을 읊던 기인
시차를 거슬러 우리 곁에 오시니
인간사 인환의 거리 파랑새라 하시네

헐몬의 이슬이 내림 같이*
- 문수산*

염하강 새벽이슬
산하를 쓰다듬고

널따란 황금 물결 알알이 만섬이다

문수산
헐몬의 이슬
맑디맑은 정기여

*시편 133편
*文殊山: 경기도 김포시 월곶면 성동리 산 35-1번지 해발 376m

허수와 참새

참새가 허수아비
어깨에 내려앉아

조롱하듯 퍼덕퍼덕 목청을 높이는데

세상에
이런 영특한
허수 아들 멋쩍다

AI, 만고의 경전

애벌레가 고치 안으로 빨려든다
몸통은 무제요 심장은 검붉었다
여여如如한
칩을 심었다
모노톤이 되었다

삼층권 자외선은 오존과 전쟁인데
양자컴퓨터 새로운 종種과의 파생
산고의
신의 고전 AI
행성을 개척하고

쉬

말 줄임
혹은
말 닫음

혹은
갓 돌 지난 외손주
종이컵 집중

홍도평 기러기 날고

흐릿한 그림자에 눈 씻어 바라다본
꽃등에 젖은 이슬 덧없을 꿈결이네
아득히,
얼비친 환영
타인처럼 안기고

살내음 홑바람은 그대인 줄 알았네
마음밖 애닳음만 머물다 떠날 거면
기별은
왜 하시는지
그냥 가실 일이지

삭풍에 눈사위듯 사랑은 유려한데
동짓달 통증하나 노을에 등떠미네
홍도평
기러기 날고
살결에는 허리춤

*홍도평: 김포시 북변 걸포 고촌 일대

낮달

간밤의 격정인가 민낯은 칩거든다
민박집 문 닫히자 샛별을 길벗 삼아
검붉은
이방의 방
항아리에 취하고

베갯잇에 불온한 동물원 성역의 성姓
밤새 놀아나고 백주대낮 속곳을 깁는
희멀건
저 낯짝 좀 봐
그지없을 뻔뻔함

제3부 염전

땡볕 삼복의
둑 가장자리
가만히
귀 기울이면
살얼음 살찌는 소리가 난다

백지에 쓴 시

뭇별은 돛을 띄워 은하를 건너고
시인의 손끝은 상상을 도모하네
풍문이
소곤거리는
별자리의 언어들

시 한 수 지어놓고 자판에 눈곱 씻고
겉치레 화려해도 글귀는 문맹이네
아프게
읽지 못하니
소경이라 하겠다

아버지의 집

침으로 꾹 눌러쓴 색 바랜 노트 한 권
거나한 아부지 품 누가 먼저 안길는지
손에 쥔
알사탕 몇 개
달려들어 붙들리고

아득히 걸어오신 등짐 진 무게같은
돌계단 비틀리고 굳은 땅 쓸려간 터
더듬듯
헛기침 자국
달그림자 드리운다

끈끈을 다잡으며 미간에 새긴 이름
찬바람 비 젖을세 옷깃에 품으시고
덩실한 건축물 한 채
바람막이 되셨다

지구 안 내 지분

나만은 의롭다고 스스로 자유하나
땅 딛는 부끄러움 알 턱이 없어서
어쩌다
뒤돌아보면
부끄러운 내 발자국

한날이 힘들다고 죽자고 살아갈까
거품이 터진다고 물방울 구슬될까
내 지분
키워가는 뜰
사과나무 한 그루

문맹의 교시
- 폐교

꿈꾸던 푸른정원
잡초만 무성하고

성대를 잃어버린 종소리 녹슬었네

칠판은
글을 모르니
문맹으로 살겠다

천년의 성

ai에 의해 축조된 시온성
바람에 나는 겨와 같아서

은하를 횡단하는 견우성의 밀서일까

영혼을
새로 짜깁는
변이의 혼, ai 밀명

첫눈

호수는 일촌 의지할 곳 없는
저 여린 것들을 받아내려고
밤을 하얗게 지새도록
베틀의
아랫도리를
치댔었나 보다

변명 같아도

생각은 젊고 기운은 늙어가는 섣달
플라스틱 목줄 기척이 없다 부재중
손에든
한 됫박보다
부재가 더 무겁다

보도블록을 걷는 환경미화원의 곡괭이
서릿발처럼 날카롭다, 한통속에서 태어난
해체된 말
가라사대,
또 한해가 가나보다

섬

정거장은 많은데
내릴 곳은 어디인지

가다가 다다르면 초록 하늘 보이겠지

오늘도
새 꿈을 싣고
간이역을 떠나네

좋은 세상 다 살았어요

세상은 깨달음을 깨닫는다, 거짓말이다
달에서 토끼 똥을 다운받아 분류한다
지갑보다 폰 잃은 것이 더 사고이듯이
문치文治를 깨닫게 하는
무한의 공 ai

처음부터 문치는 에덴 밖에 있었다
흙을 심고 오답의 생산은 진화한다
억겁의
한 점 문장이
칩으로 태어난다

구름을 베고 가는 햇살처럼

널뛰는 파도에 태양이 몸을 털면
정적의 한 점 고요 하얗게 접힌다
누엣결
시린 붉은 볕
칼춤 환란에 베이고

바람꽃 쫓아가는 저녁녘 석연처럼
핏기 잃은 낮달 운양에 섞이는데
구름을 벤
미농지 햇살
챙모자에 꺾이고

뭇별

햇살에 손등 치켜세운
키 작은 들꽃 같기도 하고
체험학습장 지붕에 꽃핀
조롱박 박꽃 같기도 하고
비 온 뒤 자동차 유리창
자잘한 얼룩 같기도 하고
갓 쓴 보안등, 달빛 무도회장
불나방 춤사위 같기도 하고
장날 그물망을 이탈한
눈먼 튀밥 같기도 하고
삼복 땡볕의 염전
살얼음 같기도 하고

또르르
윤슬에 바람 구르는
은구슬 같기도 하고

새벽 저편

베란다 창문너머 황혼이 걸려있네
손등의 주름살은 낱장을 펼쳐보고
반듯한,
석고상 하나
이름 없는 자화상

뒤태는 명징明澄해도 종심은 시오리길
갓길에 내 발자국 절 꺾인 반쪽 마디
불현듯,
달빛 한 움큼
눈시울에 적시고

미필적 고의

화장기 짙은 얼굴이 둥둥 떠다닌다
흩어졌다 모아졌다 팔랑거리는 입술

장독항아리 뚜껑처럼 도톰하다

눈꺼풀은 졸리고 반쯤 열린,
사시의 시선으로 더듬고 있는 누구

스티로폼 접시에 다소곳한 해삼,
끈적거리는 점액을 핥고 있다

우아하고 아름답고

신작로 건널목에
신호등 초록빨강

한번은 멈춰 서고 한번은 오고 가고

약속된
새하얀 질서
함께 밝힐 안전등

자서전적自敍傳的 자서自書

때 내도 다시 돋는 손톱의 거스러미
인생사 여덟글자 생로병사 희로애락
하세월
뜬구름 쫓다
물음뿐인 마침표

누구는 돌아가고 누구는 다시 오고
한데에 홀로 서서 바라다본 시온성
첫걸음
0도의 좌표
손 흔든 이 누구인가

습지에서

날숨은 짤막하게 들숨은 깊숙하게
물안개 둑방 가로질러 걸어가는데
외가리
외발로 서서
이슬 삼킨 딸꾹질

철마다 피는 꽃도 제 향기를 모르는데
젓가락 홀 짝 인양 외따로 수작이다
흔들림
잠시 멈춘 틈
물잠자리 꼬리물고

나비

나는 나들이옷을 입고
시제가 될 때 가장 빛났습니다

볕이 갤러리를 열면 서둘러
꽃의 관리자가 됩니다

무지갯빛 색동 화음으로
詩꽃 향기 그득한 씨방을 차리고
하객 맞이에 분주합니다

詩苑의 시중드는 나는
에덴의 청지기입니다

습작, 아무래도

불나방 끼어드는 달무리 은하 저편
별똥별 사랑하는 맞잡은 음절 마디
조밀히
뭇별에 널린
문장을 세고 있다

풍뎅이 발바닥을 뒤집는 재주 정도
시인의 사유가 멸망한 깨진 조각들
아프게
읽지 못하니
문맹이라 하겠다

서간을 뒤척이다 찻잔의 숨은 사유
관절염 숯 검댕이 어둡고 생경하다
헌신짝
삭아가듯
볼살 말린 환한 방

제4부 무엇이나 그러하듯이

시한부
계절풍은 한날의 부음인가
등대섬
저 혼자서도
새벽별은 붉은데

견문발검 見蚊拔劍

정말 무서운 녀석이 귓불을 치고 간다
내 시선과 맞닥뜨린 그놈은 행운이다
일거에 검을 빼자니
장비가 웃을 일이고

초단파에 소스라치듯 움츠린 긴장
핏줄 솟는 오한, 오뉴월 감기 같다
쌍피 치대듯 후려치는데
볼때기가 무슨 죄라고

나직이 사분거리는 사마리아 이방인
귀 있는 자 들어라 들어보아라
환청의 헛손질까지
무너지는 새벽녘

시인의 봄

남산의 새벽연무 햇살은 호흡을 트고
홍조 띤 진달래꽃 결결이 문안하네
둥글게
스며드는 볕
초록 숲이 해맑다

거미줄 걷어낸 숲 유년으로 다시 오고
손님 없는 은행나무 손님맞이 단장하네
움을 여는
이슬의 귀
묵은 딱지 떼 내고

춘향의 벚꽃 잎잎 꽃비로 쏟아지고
요만한 봄자락에 시인은 시를 쓰네
상춘객
차명재산의
돈푼깨나 쓰겠다

무대 밖 사람들

주연은 안락의자 조연은 걸상의자
무대의 소품들이 왜라고 의문한다
진짜를
가정한 합성
관절 없는 눈동자

민초들 발품소리 서릿발 숭숭한데
한량들 완장차자 민생은 문맹이다
과묵한
객석의 질문
대답 없는 커튼콜

이우는 회전의자 민의는 이반인데
무용의 어리석음 풍문을 사육하고
뒤섞인
네 탓 내 덕분
두 얼굴의 야누스

벽시계

오로지 앞만 보고 거침없이 나아간다
가는 길 의심않고 정한 길 후회 없다
영원을 개척해 가는
무한 밖의 선구자

삼대가 함께 사는 열두 칸 동그란 집
눈길 한번 주지 않고 제길만 가다가도
희망봉 정상에 서면
우주사가 푸르다

각양의 열두 식구 때맞춰 챙겨주고
힘겨워 지칠 때는 떠밀고 끌어준다
풀리면 다시 조이고
새 역사를 써간다

네버랜드 칸타빌레

자주색 가죽노트 촘촘한 첫 페이지
손바닥 손금으로 짚어본 꿈의 궁전
피터 팬
멀거니 서서
새로 쓰는 想像圖

풍경이 노래하는 갈대숲 빗살 화음
나직이 세레나데 칸탄테 연주하네
그대여
너는 좋은가
구르몽의 낙엽이

맨드라미 펜션

화환을 읽는 문체 흘겨 쓴 상형문자
해독이 난해한 국경 밖의 낯선 언어
언습_{言習}이
움을 트는 날
그대로 아름답고

화분의 맨드라미 계관식이 성하다
반음 낮은 음역으로 가창력 드높은
낭만이
여무는 단꿈
낙서 한 줄 시가 되고

혀
- 혀는 곧 불이요 불의의 세계라…(약 3:6)

거울 앞에 서서
무심코

잇속을 살피다가
심오한 우주를 보고

멈칫
놀란 적이 있다

요새화되어 있는
견고한 성

무시무시한 악마가
칩거하고 있다

부처님 자비

아리도록 처절한 듀엣
목탁화음
가슴 때리는 예불독경
공경도하公竟渡河
나직이 내리는 삼라의 수사修辭

주지스님
콧잔등에 앉아 방정떠는
파리 한 마리
부처님의 자비,
시험 중이다

조강祖江

한강은 오천년을 서해로 바다인데
해로를 잃어버린 뱃길은 어드메뇨
프리존
물길 트일 날
내 살붙이 맞으리

청량한 천혜운양 애기봉 표적비에
한강수 하늬바람 오늘도 새날이세
두물은
모아 섞는데
하성아재 망향가

*경기도 김포시 하성면 가금리 한강하구 공동자유경비구역(프리존)

초혼
– 5·18 국립묘역에서

백지에 쓴 행간은 검게 탄 민낯인가
혈혈도 빛을 잃은 생면의 이방인가
흙바람
휘몰아치는
시선밖에 날 선 검

차마차마 서러워서 꽃등의 조시 한줄
속곳의 얼룩지운 '임을 위한 행진곡'
생육신
거두지 못해
떠다니는 뭇별들

상흔이 어지러운 빛고을 붉은 날빛
아득히 여린 숨결 초혼을 호명한다
광명한,
호흡을 트는 날
비둘기로 날으소

나를 쓰다
- 만년필

두 갈래길 나뉜 삽날
말을 쓸지 시를 쓸지

나누면 말이 되고 묶으면 시가 되고

한참을
망설이다가
나를 쓰기로 한다

환유의 법칙
- 사계

춘
마른 땅의 움, 지평을 넓혀가는
소소한 다채로운 돋음

하
배를 까고 누운 파라솔과 나비선글라스
발가락 사이 생 모래의 낮은 음계

추
촘촘한 것들이 듬성듬성 빈
이삭 줍던 기러기 깃 접는 해름

동
천의 바람이 상징이거나 은유이거나
첫사랑을 투신한 섣달 그 이듬

무엇이나 그러하듯이

풀잎에 어깨 기댄 이슬의 긴장 같은
함묵의 목울대를 그 누가 열어주랴
포말도
치밀해지면
허둥대며 우는데

유성이 떨어뜨린 사별의 별똥인가
시한부 계절풍은 한낱의 부음인가
등대섬
저 혼자서도
새벽별은 붉은데

청청한 하늘호수 이만큼 따 뒀다가
삭연한 잿빛 하늘 싸락눈 질척일 때
요만큼
꺼내다 쓰면
누이보다 좋겠네

하루살이

불꽃처럼 태어나서
불꽃을 짝사랑하고

하루를 천년같이 뜨겁게 살다 간 화신

시인은
기억해 줄 거야
온몸으로 사른 생

안팎

안內을 바라본다 바깥 세모의 안眼이
안팎이 막힌 벽, 올 길을 다 온 거다
안을 보려는 어리석은 안
신의 긍휼은
어디에도 없었다

찾는다죠 왜 무슨 일로, 어쩌나
먼저 가시면 안 되나요 곧 따라 갈게요
잠깐만요
안팎에서 서로
엇갈리면 어쩌죠

바람 시린 통증에도

잡히지 않을 것을 잡으려는 집게처럼
궁핍은 자유라고 무엇으로 사랑할까
팔랑 귀의
불량소나기
눈썹 위에 쏠리는데

청량한 눈부심도 안개에 부대끼듯
은하를 횡단하는 무풍의 돛인가
적도의
입이 없는 섬
썰물인 듯 밀물인 듯

오늘은 타인

더듬더듬 잘게 유난히 잘게 쪼개지는
마비된 침묵인가 가로막힌 타인의 벽
해질녘
차창 너머로
붉게 타는 눈시울

아래로 걷는 계단의 협곡은 깊은데
강 건너 밤이슬을 싣고가는 방향키
디딤돌
층계를 접고
벗어놓은 신발처럼

신명심보감 新明心寶鑑

재벌이 부럽다고 한탄만 하지말게
대복은 재천이요 소복은 재근이라
헛꿈은
부질없어서
가진 것도 잃느니

하루를 허비하면 사흘이 빈곤하고
삼년을 탕진하면 평생이 궁핍하다
시간은
언제나 영점
세월허송 마시게

제5부 가을 연가

빨랫줄 고추잠자리
방아 찧는 오후 3시
햇볕은 따갑도록 여한이 없다
할머니
동그란 멍석
태양을 깔고 앉으셨다

가을, 하얗게 저미는 바깥

몇 번의 계절을 베끼고 베껴야 할지
잘난 척 숨겨둔 문장, 들킨 적 있다
문투文套의
방향을 잃고
고요하니 적막하니

마지막 계단에 추락한 묽은 문장하나
거꾸로 걷는 바람처럼 서걱거리는 숲
이별이다
삭연한 그림자가
돌아오는

시차여행

춘추분분 하둥지지

지네들 날이나리
해그림자 꼬랑지 붙잡고
키 재기 할 때

한 뼘씩 야윈 내 빈칸
요만큼의 절반만이라도

채울 수 있었으면

돌싱

젊다(유치원에 다니는 남매)
많다(다 알만한 재벌가 며느리)
이쁘다(미인대회 출신)

가진 것이 많은 여자
있을 것이 없는 여자

놀이동산에 가면 쓸쓸한 여자
음악회에 가면 잠만 자는 여자
쇼핑하는 것이 외로운 여자

살맛을 잊어버린
허리춤이 헐렁한 여자

남의 삶을 사는 여자

날마다 새벽처럼
- 홀딱 벗고 새

뉘 집에 둥지 틀지 눈 흘겨 살펴보고
맨발로 무단 점거 낯짝은 홀딱 벗고
새가슴 조여 올 텐데
그 수밖에 없었을까

행색은 체면 없이 목덜미에 쓸리고
모성은 홀딱 벗고 문밖에 서성인다
제새끼 품지 못하니
부모치고 멋쩍겠다

바다와 대지와 뭍, 바람과 구름과 볕
동서가 한 뼘인데 목마 탄 침실인가
더는 더 척하지 않고
홀딱 벗고 살겠네

*검은등 뻐꾸기: 우는 소리가 '홀딱 벗고' 같다 하여 붙여진 이름

봄의 연가

손님은 뜸해지고 꽃밭은 고요한데
상처 없는 통증, 살갗은 신음하네
시인은 시를 짓고
정원은 시제가 되고

정원의 청파라솔 인연을 퍼 나르고
요만한 봄 자락에 화분을 흥정하네
흰나비
햇빛 튕기듯
사과 꽃에 안기고

이슬섬 새벽연무 햇살은 음을 트고
호수는 물을 저어 건반을 두드리네
물방울
청량한 음계
풀잎 연가 사중주

시인의 잠꼬대
- 시인 김수영

역문驛門을 등지면 구름은 바람이 된다
화가는 시를 짓고 시인은 색채를 짜고
캄캄한
달빛 전시장
얼굴 없는 숲이었다

기침하자던 시인의 잠꼬대에 꼬집었다
돌아누운 나비 한 마리 비명이 간결하다
역풍의
바람 시린 날
북문으로 날았다

셀로판지처럼 바삭거리는 사월의 볕
- 팽목항

커튼을 젖히면 빛의 전시장이 선다
첫 음조차 떼지 못한 미완의 바람꽃
사월 열엿샛날
파도의 전언은 숧다

아픔이라는 것이 생각의 결핍보다
기억의 과잉에서 역설되는 것일까
셀로판지
바삭거리는
사월의 붉은 볕

각인된 사월은 언제쯤 익숙해질지
표정을 감춘 꽃이거나 바람이거나
다시는
눈물도 없고
이별할 슬픔도 없고

다도해 홀섬

민박집 시렁 아래 목덜미 환한 해름
캐리어 걸어 올린 손잡이 모로 눕는
파도의 연燕,
무릎 구푸리고
부표위에 떠 있다

길손 들지 않는 방문과 창문의 벽
바다와 하늘이 맞닿은 섬 안의 섬
조각 창窓,
꽃무늬 노랑
벗은 성을 훔친다

차 한 잔 그리운 날

담장 울밑 장미꽃 숲에 젖은 달빛에
동그란 갯벌은 지번 없는 무덤 같다
은하가
고향이라고
행성을 쫓아가고

빛바랜 사진 한 장 수십 번을 뒤척이고
첫눈 오면 만나자던 전설 같은 이야기
층층이
무등을 타고
거미줄을 엮는다

부재중

일상은 바깥쪽 담벼락에 기대섰다
현관문 목줄에 걸어놓은 낡은 오지랖
뒤돌아
흘깃거리며
발바닥을 닦는다

갈림의 막다른 길 착각 속의 매혹
도달할 모퉁이 미로처럼 뒤엉긴다
중심은
후진 중인데
열려있는 낯선 방

봄은 유년으로 오고

미라가 된 종자. 초록을 부풀리고
담장 아래 봄볕, 송이눈 밟고간다
봄은 유년으로 오고
미끄러지는 언 바람

봄볕에 딸꾹질하는 산수유 멋쩍어하고
신작로 아지랑이 우로 날고 좌로 난다
남산골
봄의 건축가
초록집을 짓는다

어머니 몸꽃

불빛의 눈웃음, 터널 안의 시선
꽃은 꽃 저 닮은 꽃 그대로인데
해맑은
빛의 전시장
인형처럼 고우시다

무릎에 새긴 이름 베 짜듯 기도하던
권사님 우리 어머니, 아가가 되셨네
말문은
열 수 없어도
만져보고 듣는 손

깜깜한 기억 하나 다녀간 인형의 집
꽃이 된 바람의 별 은하를 건너가네
다섯 문양
겹치는 고요
귓밥에 핀 바람꽃

악성은 유행을 탄다

끈적이는 층간을 읽는 시선의 촉
문맹은 바이러스 문명은 광대놀음
백지의 쓴 처방전
음성인 듯 양성인 듯

소리 없는 방문은 국경의 이방인가
대낮의 검은 바람 유유히 배회한다
양면의
악성소비자
탄소중립 미세먼지

AI, 평화론

전자레인지를 탈출한 팝콘이 천지로 튄다
보았다 ai의 드론을, 깨진 섬광 비우飛雨같다
전장은 에덴에서 멀리 있지 않았다

로고스와 공존하는 인격화된 ai 인공지능
에덴을 윤택케 하신 신의 존엄은 황폐해 갔다
평화에 대한 ai의 단답
핵이지요 단연코

무인카메라

멋쟁이 선글라스 뒤뚱이는 하이힐
분홍색 숄더백에 반려견을 업은 여자
누군가 훑어본다고
생각이나 하겠어

군청색 정장 차림 빨간 나비넥타이
길거리표 인조가죽 백팩을 걸친 남자
누군가 훔쳐본다고
의심이나 하겠어

지하도 노스님의 애달픈 반야심경
지하철 이방인의 처절한 천국복음
누군가 지켜본다고
하느님도 모를걸

밤栗, 우아한 외출

오뉴월 누에꽃이 하야니 움을트면
풋것들 한나절쯤 지평을 넓혀가고
밤송이
적막의 껍질
운둔칩거 염불한다

가시성 육아산실 비상구도 없는데
열대야 삼복더위 백일의 묵언수행
중추절
우아한 외출
세쌍둥이 웃는다

코스모스

하늘을 이고 하늘거리는 분홍 꽃은
이것도 저것도 잡지 못하는 외손녀
돌빔의
달랑거리는 옥단추 같기도 하고

살랑살랑 동글이는 새하얀 꽃은
그림나라 유치원에 다니는 손주
씽씽씽
세발자전거 바퀴살 같기도 하고

습작 혹은 낙필유예

방향도 알 수 없는 첫 줄을 쓰고 웃는다
표정을 잃어버린 잠시 동안 간극의 갈등
길게 쓴 문장은
모호함을 드러내고

사유는 절름발이 문체는 모래 같다
새벽의 방향등은 언제쯤 불을 켤까
얼비친
바람의 모서리
한 줄 낙서 낙필유예落筆遊藝

짧은 한 줄 서평

사유가 은유로 결합한 시적 모티브
[구름을 베고 가는 햇살처럼]

*

나 승 일

(서울대학교 교수 / 전 교육부 차관)

　송병호 시인의 작품을 마주하면, '목회자'라는 직함보다 먼저 한 인간으로서의 깊은 삶의 결이 느껴진다. 시인의 시는 종교적 언어에 머물지 않고 일상에서 길어 올린 체험과 내면의 사유를 은유라는 그릇에 담아 읽는 이의 마음에 은근한 온기와 긴 여운을 남긴다.

　시인의 언어 속에는 사랑, 가족, 위로, 상실 등 우리 모두의 삶을 관통하는 주제가 스며있다. 그것은 불필요하게 난해하지 않으면서도, 결코 가볍지 않은 울림을 지닌다. 읽는 순간에는 친근하지만 덮고 난 뒤에는 오래도록 되새김질하게 만드는 힘이 있다.

무엇보다 30여 년의 목회 여정은 종교적 색채를 진하게 덧입히기 쉬운 환경이지만 시인은 그 경계를 뛰어넘어 누구나 공감할 수 있는 보편적 언어로 형상화한다.

이번 시집(시조집)은 초·중·종 3장의 평시조와 엇시조로 구성되어 있다. 간결한 시어 속에 응축된 이야기들은 몇 줄만 읽어도 장면과 정서가 선명하게 펼쳐진다. "번민주의보"에서는 불안한 마음의 지형을, "무대 밖 사람들"과 "섬나라 삼백용사"에서는 사회와 인간에 대한 통찰을, "초혼"에서는 가슴 깊은 울림을 들려준다.

어머니에 대한 애틋한 그리움이 서린 "사모곡"과 "어머니 몸꽃", 재치와 해학이 묻어나는 "견문발검", 그리고 "셀로판지처럼 바삭거리는 사월의 볕" 같은 작품은 독자의 감각을 일깨운다. 또한 "AI, 만고의 경전"과 "AI, 시혼 詩魂을 엿보다"와 같은 작품들은 첨단의 시대 속에서 시적 상상력이 어떻게 현재와 맞닿을 수 있는지 보여준다.

이 시집은 시에 대한 전문지식이 없어도, 그저 한 편씩 읽으며 마음속에 간직하고 싶은 한 줄을 발견하게 하는 책이다. 시인의 시선을 따라가다 보면 어느 순간 내 삶이 그 언어의 거울에 비춰지고 그 속에서 잔잔한 위로와 새로운 힘을 얻게 된다. 평범한 독자의 자리에서 나는 이 시집을 주저 없이 권하고 싶다.

3편의 에세이

얼마만일까
오늘 퇴근길에
큰마음 먹고 그야말로 큰마음 먹고
장미 한 송이 사가야겠다
돌아오는 답이야 뻔하다

당신 무슨 일 있어?
뭐 나한테 잘못한 거 있어?

다음 이야기는 전해온 설교와 예화를 첨삭
- 윤문을 통해 재구성하였음을 밝힙니다.

아름다운 승부

　나는 우리 교회에서 매달 몇 십만 원 후원하는 어느 장애인 단체에서 초청을 받고 감사 행사에 참석하게 되었습니다. 그 행사에서 몸이 불편한 아들을 둔 아버지가 가슴 찡한 연설을 합니다. 그는 후원으로 헌신하고 시간으로 봉사한 사람들과 작게는 몇 천 원 많게는 기백 만 원을 흔쾌히 후원한 기부자에 감사의 마음을 전한 후 강연을 이어갔습니다.

　신께서 하신 모든 것은 완벽했지만 내 손주 영수는 완벽하지 않았습니다. 나는 손주의 장애를 볼 때마다 마음이 아파 가끔 아이를 향한 신의 계획이 무엇인지 묻고는 했습니다. 그러나 간혹 다른 사람들이 아이를 사랑으로 받아줄 때마다 그 계획하신 것을 희미하게나마 깨닫고 도리어 감사의 기회로 삼기도 했습니다.
　나는 얼마 전에 손주와 함께 집 근처 초등학교 뒷산을 산책하고 내려오는 길에 운동장에서 손주 또래의 아이들이 야구게임을 하는데 잠시 구경하고 있었습니다. 그런데 손주 영수가 내 손목을 잡아 끌어 "할아버지 재들이 나도 함께 게임을 할 수 있게 해 줄까?" 하는 것이었습니다. 나는 갑작스런 일이기도 했지만 그 아이들이 바라지 않을 거라고 생각했습니다. 그래도 함께 놀아준다면 손주에게 큰 격려와 용기가 될 거라고 주제넘은 생각을 하고 있었습니다.

용기를 내 한 아이에게 다가가 영수를 가리키며 "저 아이 이름은 영수인데 보다시피 장애아야 그래도 함께 야구시합을 할 수 있겠니?" 하고 물어보았습니다. 내 얼굴은 화끈거렸습니다. 말도 안 되는 부탁이라는 것을 너무 잘 알고 있었기 때문입니다. 그때 주장으로 보이는 아이는 시합을 멈추고 내야를 불러 모았습니다. 그들은 장애아 영수를 한 번 쳐다보고는 무슨 말로 대답해야 할지 몰라 서로 얼굴만 바라보고 있었습니다. 한 아이가 내게 와서 "할아버지 지금 8회초인데 보시는 것처럼 우리 팀이 2:5로 지고 있거든요. 그러니까 9회초 외야수비수로 영수를 내보내도록 할게요."

나는 꿈인지 생시인지 고맙다는 말도 잊은 채 손주를 부둥켜안고 눈물을 글썽이며 한참을 그대로 서 있었습니다. 그런 와중에서도 문득 '눈물이 없는 눈에는 무지개가 뜨지 않는다.'라는 말이 머릿속을 스치고 지나갔습니다. 8회는 두 팀 모두 점수를 내지 못하고 끝이 났습니다. 9회초, 영수는 팀 동료의 도움으로 글러브를 끼고 우익

수 수비자리로 나갔습니다. 참 다행이란 말이 옳겠습니다. 9회 초가 끝날 때까지 어떤 타구도 영수쪽으로 날아오지 않았습니다. 그렇지만 나나 영수나 그라운드에 서 있는 것만으로도 흥분해 있었습니다.

영수는 긴장감에 약간 경직된 듯 보였지만 수비수로 당당하게 서 있었고 나는 응원석에서 열심히 손을 흔들어주었습니다. 수비는 그렇게 벅찬 흥분으로 추가 점수를 내주지 않고 끝났습니다. 드디어 9회 말, 1점을 뽑아 점수는 3:5 두점 차로 따라 붙었습니다. 2아웃에 1-3루, 장타 하나면 동점을 만들 수 있고 만약에 홈런이 나오면 말 그대로 끝내기 홈런도 틀린 말은 아니었습니다. 유명한 야구선수의 말대로 '야구는 끝나야 끝난 것이다'라고 했던 것처럼 불가능은 아니었기 때문입니다. 하지만 얄궂은 장난이랄까 하필이면 이처럼 중요한 시점에 영수가 타자로 들어설 차례였습니다.

누가 봐도 대타가 나오는 것이 자명했습니다. 절체절명에 영수를 타석에 내보낸다는 것은 게임을 포기한다는 것이나 다름 없을 뿐만 아니라 절대 이길 수 없다는 것을 삼척동자가 아니더라도 다 알고 있는 사실이었습니다. 수비는 그냥 서 있기만 해도 되지만 타석은 달랐습니다. 그러나 팀은 영수를 타석에 내보냈습니다. 관중석에서 한숨 섞인 야유가 들려왔습니다. 나는 그 소리가 무슨 소리인지 너무도 잘 알고 있었습니다. 실은 내가 더

당혹했습니다. 그럼에도 장애인 내 손주 영수가 타석에 서 있었습니다.

  조금 큰 헬멧을 썼지만 그래도 할아버지 눈에는 박병호 선수처럼 당차 보였습니다. 그렇다 할지라도 정작 타석에 들어서 있는 영수는 이미 포기한 듯 배트를 어깨에 걸치고 얼굴도 들지 못하고 있었습니다. 투수는 "영수야 파이팅!" 하고 주먹을 불끈 들어 올리더니 영수 앞으로 몇 발짝 다가와 가볍게 공을 던져주었습니다. 영수는 헛스윙을 하고 말았습니다. 투수는 다시 조금 더 앞으로 나와 사뿐히 공을 던져주었습니다. 영수는 공을 툭 때렸습니다. 공은 투수 앞으로 떼굴떼굴 굴러갔습니다. 투수는 쉽게 공을 잡았습니다.

  이제 1루로 뿌리면 게임은 쉽게 끝날 것입니다. 그런데 눈 깜짝할 사이에 이상한 일이 벌어지고 있었습니다. 투수는 1루수에게 공을 던지는데 훨씬 비켜나게 던진 것이었습니다. 공은 1루 라인을 타고 외야수 옆으로 빠져 외야 펜스까지 굴러갔습니다. 누가 봐도 어이없는 에러였습니다. 그때 누군가 소리쳤습니다. "영수야! 1루까지 달려! 1루까지!" 영수는 절뚝거리는 몸으로 1루로 내달렸습니다. 영수가 1루베이스를 간신히 통과하자 다시 소리쳤습니다. "영수야! 2루까지 2루까지 달려! 빨리!"

  그 사이 3루와 1루에 있던 주자는 홈을 밟았습니다. 점수판에는 5:5 동점으로 게시되고 있었습니다. 이제 타자 주자인 영수가 아웃 되면 멋진 무승부로 끝날 수 있었습니다. 그때 외야수가 볼을 잡았을 땐 타자 주자는 아직 1-2루 중간에도 못 간 상태였으니 2루에 송구하면 넉넉히 태그 아웃시킬 수 있었는데도 우익수는 3루수 쪽으로 공을 높이 뿌렸습니다. 공은 3루수 뒤로 몇 번인가 바운드 치며 더그아웃 난간을 때리고 그라운드로 튕겨 나왔습니다. 그때서야 영수는 2루베이스에 막 도착하고 있었습니다. 그때 상대팀 유격수가 큰 소리로 소리쳤습니다.

"영수야! 3루로 달려! 3루까지!" 그 소리가 얼마나 컸던지 관중석에서도 다 들을 수 있었습니다. 영수는 3루베이스를 간신히 짚었습니다. 숨이 찼습니다. 더 뛸 수 없을 것 같았습니다. 그때 약속이나 한 것처럼 양쪽 팀의 선수들이 더그아웃에서 모두 뛰쳐나와 소리쳤습니다. "영수야! 홈까지 달려! 홈까지! 힘을 내, 마지막 힘을!" 하지만 내 손주 영수는 숨이 턱밑까지 차올라 있었습니다. 뛰기는커녕 더 이상 걷지도 못하고 홈베이스 바로 앞에서 그만 쓰러지고 말았습니다. 관중석에서는 조금 전 야유와는 달리 와 하는 함성과 박수 소리가 운동장을 가득 메우고 있었습니다. 그때 주심이 한쪽 무릎은 꿇고 소리 질렀습니다. "영수! 손을 뻗어! 홈베이스를 훔쳐! 어서!"

3루 난간을 맞히고 그라운드로 들어왔던 공이 포수에 손에 동시에 들어오는 순간이었습니다. 주심은 빠른 동작으로 양손을 벌려 연거푸 홈인! 홈인을 사인했습니다.

역전이었습니다. 어디선가 '그라운드 홈런! 그라운드 홈런!'을 연호하는 소리가 들려왔습니다. 장애아 내 손주가 비록 에러를 편승했지만 스리런, 그것도 역전홈런을 때려낸 순간이었습니다. 물론 에러가 편승한 홈인은 그라운드 홈런으로 인정되지 않는다는 것을 야구팬이라면 다 알고 있는 사실입니다. 장내는 조용하다 못해 숙연했습니다. 눈물을 훌쩍이는 소리가 들려왔습니다. 그리고 우렁찬 박수가 터져 나왔습니다.

그날 양쪽 팀 아이들은 영수를 향한 신의 계획이 무엇인지 다시 한번 깨닫도록 도와준 천사들이었습니다. 초등학교 운동장에 나와 구경하던 사람들에게도 '이기는 것이 무엇이며 왜 지고 이겨야 하는지에 관한 진짜 이유를 배우게 했습니다. 나는 안경너머 감춰둔 눈물을 손등으로 훔치며 강단을 내려왔습니다.

게임이 끝난 뒤에 아이들은 '승리도 중요했지만 배려와 신의를 더 중하게 여겼다.'고 어른도 생각하지 못한 장한 마음이 얼마나 든든한지 행사에 연사로 나올 기회가 있었기에 이 아름다운 이야기를 꼭 전해야겠다는 결심도 말했습니다.

우리는 이기고도 진짜로는 진 사람이 되지 말아야 합니다. 지고도 진짜로는 이긴 사람이 되어야 합니다. 신은 우리 아이들, 누구는 장애를 않고 태어났을지라도 이 세상에 보내실 때 그로 계획한 목적이 있을 것입니다. 실제로 우리는 모두가 다 장애를 않고 태어난 미성숙한 사람일지도 모릅니다. 서로 서로의 마음을 다독이고 모아 비록 너무 작아 보잘것없을지라도 믿음이라는 사랑의 바탕 위에 "우리가 서로 사랑하자"는 원대한 각오를 생각해 보는 것은 어떨까하고 생각해봅니다. 반드시 아름다운 변화를 만들어내고 이끌어낼 주인공이 될 것이라 믿습니다.

  계획은 훌륭하고 똑똑한 사람에게만 주어지는 것이 아닙니다. 가치 없게 여기는 사람들도 얼마든지 멋진 세상을 만들어 갈 수 있습니다. 때때로 우리에게 무엇인가, 누구에게인가 도울 기회가 주어질 때 기쁘게 그 기회를 활용하십시오. 다른 한쪽도 귀하고 중하게 생각할 줄 아는 사람이 진짜 성공한 사람이며 성공을 이루는 의로운 사람일 것입니다. 최고나 최상에만 집착하지 말아야 할 이유입니다. 너와 나 우리가 배려하고 사랑하고 더불어 살아가는 오늘, 우리 모두에게 신께서 평등하게 나눠주신 특별한 은총이 아니겠는지요.

이유 있는 항변

 우리나라가 선진국이 되었다고 국제적으로나 사람들은 이구동성으로 말한다. 출산인구는 줄고 노령인구는 급격히 높아진다는 것이다. 거기다 서민경제는 어려운데 식생활은 지나칠 정도로 차고 넘친다. 오히려 성인병으로 인한 경제적 손실이 더 심각하다고 진단한다. 몸의 중심이 이런 현실을 직시, 사안의 중대함을 인식하고 지체인 이목구비수족(耳目口鼻手足)에게 긴급소집을 통보한 것이다.

 붉은 카펫을 등받이로 깔아놓은 당나귀(耳), 목줄에 매달린 워낭은 오로지 한 주인을 섬기는 최고의 증표다.

 시선 처리에 남다른 재능을 가진 음흉한 올빼미(目), 한밤중에 민정시찰을 나간다지만 먹이사슬의 윗선, 위험한 암행이다. 인정머리라고는 독수리 뺨친다.

 입이 크다는 이유만으로 게걸스럽게 먹어치우는 줄

알지만 오해라고 항변하는 하마(口), 오늘 긴급소집을 자초한 당사자다. 뭔가 벼르고 있다.

똥냄새면 어쩌랴 참새가 방앗간 그냥 지나칠 수 있으랴 아프리카 들개 리카온(鼻), 하마를 성토하는데 앞장선 인물이다. 냄새 맡는데 명수다.

한번 잡혔다 하면 끝장을 내고 마는 초원의 지배자 독수리(手), 매부리코라 했던가 콧날을 쓱쓱 간다. 신경이 쓰인다.

날지 못하면 발로 뛴다. 타조(足). 방향을 찾지 못하고 버둥대는 철새 따위에 단 한 번도 부러워해 본 적이 없다. 도리어 날개 가진 것은 필경 추락한다고 믿는다.

이들의 공동체는 필연이다. 최상으로 수행해야 건강한 100년을 살아갈 수 있다. 요즘처럼 어수선한 시국에 안 좋은 일은 한꺼번에 닥치는 것처럼 몸집에 이상기류가 감지된 것이다. 지체의 주역들이 긴급간담회를 소집한 이유이다. 냄새의 명수답게 문제를 가장 먼저 인식한 들개 리카온 스스로 의장 자리를 꿰찬다.

"요즘처럼 민생경제는 말할 것도 없고 어느 한구석 쉬

운 것이 없는 총체적 난국에 제 몸집만 늘리고 있는 하마를 어떻게 성토해야 할 것인지 여러분의 현명한 고견을 듣고자 이처럼 긴급하게 소집한 것이니 이 난국을 지혜롭게 헤쳐나갔으면 좋겠습니다. 먼저 타조님부터 한 말씀하시죠."

"타조입니다. 저는 그 녀석 때문에 죽을 지경입니다. 날씬했던 제 뒷다리가 터지고 발가락이 갈라지고 뒤뚱거리고 어쩌다 조깅이라도 한번 나가면 여기저기서 '얼마나 해먹었으면'하고 비아냥거리는 소리가 도를 넘습니다. 약인지 독인지 구별도 못 하고 처먹은 저 하마 녀석 때문입니다."

당나귀는 허연 거품을 물고 눈만 껌벅껌벅 무슨 소리를 하는지 그저 씩씩거린다. 딸랑딸랑 주인을 위해 등을 내줄 준비만큼은 완벽하다. 그냥 넘어간다.

"저는 독수리입니다. 그 녀석은 너무 건방집니다. 어디 뭐 없느냐고 뭐라도 가져오라고 채근하는데 정말 왕짜증입니다. 손톱에 낀 찌꺼기까지 쪽쪽 빨아먹는데 위생상도 그렇고 진짜 역겨워 미칠 지경입니다."

"올빼미올시다. 우리집 라인 맨 아래층에 사는 녀석인

데 그를 내려다보는 것만도 보통 인내가 아닙니다. 여러분의 이야기를 들어봤지만 식상하고 다 남 탓만 하고 있는데 그러지 말고 각자 새로운 대안을 세우고 서로 협력해야 이 난국을 헤쳐나갈 수 있지 않겠습니까? 그래서 저는 이렇게 생각합니다.

 저는 아무리 맛있는 것을 보아도 절대 쳐다보지도 않을 것이며 설령 누가 갖다 바쳐도 최소한으로 줄이겠습니다. 따라서 들개님은 바람 냄새도 맡지 마시고, 당나귀님은 평소대로 주인 말에만 복종하시면 됩니다. 타조님은 제발 덤벙대지 말고 신중하십시오. 그리고 독수리님은 썩은 것까지도 다 갖다 바치는데 아부하는 건지 충성하는 건지 자제를 부탁합니다. 저의 대안입니다."

 잠시 회의장에 깊은 적막이 내린다. 몇 초쯤 지났을까, 올빼미의 한마디가 정적을 깬다.
 "녀석을 굶깁시다."

 역시 북한산에 둥지를 틀만하다. 청와댄지 용산인지 그답다. 말도 잘한다. 그의 제안이 너무 좋다고 동의 제청 가부간 묻지도 따지지도 않고 의장 탕탕탕 의사봉을 빠르게 내친다.

탈탈 굶기기를 한 사나흘 지났을까. 당나귀는 주인이고 나발이고 거품을 물고 머리를 휘저으며 딸랑딸랑 종을 쳐댄다.

 길고양이가 헤집은 비닐봉지에 혼이 빠진 개코 리카온, 벌렁벌렁 비릿한 공기를 핥는다. 미치고 환장할 노릇이 따로 없다.

 손 발가락을 줬다 폈다 이상 발작에 동동거리는 독수리, 지구는 누가 지키라고 독수리 5형제 합체는 정녕 물 건너간 것인가? 관심도 없다.

 뒷다리가 풀린 타조, 난데없이 삼바 춤을 추다 말고 상하이 트위스트를 춘다.

 굶기자는 대안을 제시한 올빼미, 정작 혼줄 놓고 분별력도 잃고 어떻게 돌아가는지 더 커진 쨍한 눈동자 소리가 자갈 굴러가는 소리가 난다. 난국은 난국이다.

 입 딱 다물고 있던 하마가 입을 열었다.

 "저 하마입니다. 여러분, 이러면 다 죽습니다. 어디 저만 살자고 먹습니까? 먹는 것도 쉽지 않습니다. 제 말도 좀 들어보십시오."

작심한 듯 의기가 대단하다. 그 라고 할 말이 없을까, 일단 들어보기로 하자.

어떤 것은 땡초처럼 맵고
어떤 것은 빙초산보다 시고
어떤 것은 우슬초처럼 쓰고
어떤 것은 사카린보다 달고
어떤 것은 소태보다 짜고
어떤 것은 맹물에 오줌 눈 것처럼 밍밍하고
그뿐인 줄 아십니까?
바위만 한 자갈에 이빨이 깨지고
밴댕이 가시가 목구멍에 걸려 캑캑대고
매생이국에 입천장은 너덜거리고
거기다 혓바닥은 또 어떻고
아이고 숨이 차서…

듣자니 짠한 생각이 든다. 육중한 몸집에서 씩씩거리는 숨소리가 태풍급이다.

"그러니 저만 가지고 너무 섭섭하게 생각하지 마십시오. 경제 어려운 것이 어찌 저 때문입니까? 거기다 뚱뚱

하다고 닦달하는데 여러분도 제가 이렇게 된 데에 절대 자유로울 수 없습니다. 말이 나왔으니 말이지 믿을 수 있는 것이 누구이며 무엇입니까? 중국 훠궈요? 일본 소바요? 미국 햄버거요? 어림없습니다.

 자기들 살자고 관세니 뭐니 오랜 우방도 친구도 헌신 짝 버리듯 내다버리는 몹쓸 놈들입니다. 늦지 않았습니다. 이제부터라도 우리가 똘똘 뭉쳐 긴밀히 소통하고 내수를 적극 활성화, 협력해 나간다면 외세의 바람에 쏠리지 않고 경제는 물론 건강 100년은 결코 빈말이 아닐 것입니다. 자신합니다."

 무슨 말이 더 필요할까, 편견과 편협 그 중심에 서로의 이끗이 있다. 쓸 만한 것 무엇이든지, 낡았어도 편한 신발처럼 딱 맞는 진짜 좋은 대안과 절충은 없는 것일까? 소통, 이해가 부족하면 대책이 없다. 그렇다고 맥없이 지켜보고만 있을 수 없지 않은가? 머리를 맞대보자,

 필요한 것을 꺼내보자. 할 말을 하자는 것이다. 편견과 편협은 자가당착의 논리일 수 있다. 쭉 늘어놓고 살펴서 버릴 것은 버리고 좋은 것은 옛 것이라도 쓰고 다시 쓰자. 관행에 의존하는 것에서 벗어나야 한다. 얼마 동안은 힘들지 몰라도 버텨내는 끈기가 필요한 때다.

'우리'라는 말은 좋은 때 있는 말이 아니다. 어려울 때 가장 긴요하게 쓰임 되는 말이다. 혼자서는 청년이라도 힘들지만 함께라면 노인일지라도 곤고치 않고 피곤치 않는 법이다.

목사님의 거짓말

 몇 년 전 이야기다. 그해 정월초 회사에서 시무식겸 워크숍이 열렸다. 저녁시간에 어느 목사님의 강연이 있다기에 뻔한 이야기일 거라고 으레 그랬던 것처럼 한잠 자야겠다고 생각했다. 그러나 내 의도와는 달리 나는 강연이 끝난 후로도 잠을 이룰 수가 없었다. 그 목사님의 나쁜 거짓말에 포로로 잡힌 것인지 주객이 전도된 것인지 도무지 알 수 없는 화학적 반응이 일어나고 있었기 때문이다.

 어떤 사람들은 명예퇴직을 고민할 나이지만 회사의 중추적 역할을 맡기까지 오로지 집과 회사, 회사와 집 그 이상을 돌아보거나 챙길 여유조차 없었다. 그러던 차에 나는 깊은 찔림을 당한 것이다. 거짓말 같은 옳은 말에 밤이 늦도록 잠들지 못하는 찐한 울림은 성찰과 그리움으로 범벅되어 있었다. 그 나쁜 거짓말을 여기 옮겨 쓴다.

"우리 집의 냉장고는 언제든지/ 맛있는 것을 내준다// 호두는 꼬리를 흔들며/ 나랑 산책도 하고 잘 놀아준다// 아빠는 왜 있는지/ 잘 모르겠다// 정말 잘 모르겠다."

위의 글은 초등학생이 쓴 [우리 아빠]라는 시입니다. 아빠는 있지만 투명인간입니다. 서로 별다른 대화 없이 학교에 가고 회사에 가고 하숙생처럼 지내다 보니 다툴 일은 없지만 가족 간에 존재감을 잃어버린 것이지요. 특히 아빠의 존재는 더 그렇습니다. 아빠는 돈을 버는 일도 중요 하지만 가족을 건강하게 지키는 종합비타민이 되어야 합니다. 그 철없는 아이는 아빠가 왜 있는지 모르겠다고 하지만 아빠가 없으면 먹을 것을 주는 냉장고도 없고 놀아 줄 강아지도 없다는 것도 깨우쳐줘야 합니다.

그렇다 해도 아빠도 문제입니다. 아버지나 남편의 존재는 나이가 많고 적고를 떠나 가족의 구심점이 되어야 하기 때문입니다. 바쁘다고 늦게 들어오고 피곤하다는 핑계로 소파에 누워 리모콘 주인이 되면 자녀가 철이 들 때쯤에는 아빠는 절대 존경받기 어렵습니다. 정성과 존경은 마음을 함께 한 시간만큼 생겨나게 되어있습니다. 행복한 가정은 마술처럼 생기지 않습니다. 어느 날 우연히 행복해지는 가정은 없습니다. 행복은 꾸준히 창작해

가는 예술작품과 같은 것이기 때문입니다.

  실제로 인류의 예술적 창조 사역은 여자가 창조되고 가정을 이룸으로 작품이 완성되었습니다. 가정의 중요성을 잘 말해주는 교훈적인 말이 틀림없습니다. 가정은 밥 먹고 잠자는 하숙집이 아니며 영혼의 보금자리입니다. 부부의 사랑으로 작품을 하나씩 완성해가는 창작의 산실이며 빈 여백을 아름답고 멋지게 채색해 가야 할 책무를 가진 공동의 공간입니다. 뿐만 아니라 부부는 행복을 함께 나눌 동반자로 하늘나라 갈 때까지 동행할 평생 동지이며 장차 사랑의 상급을 상속받을 공동상속자이기도 합니다.

  하지만 요즘 사람들은 사랑의 뜻을 잘 모르는지 아니면 이해를 못 하는지 "사랑한다."는 말을 너무 쉽게 합니다. 사람의 마음을 기분 좋게 해주는 것이나 혹은 매너 좋은 단편적 친절로 보일지 몰라도 그것들 자체가 사랑은 아닙니다. 진짜 사랑은 자기 자존심을 내려놓고 자기를 내어주는 것. 가족을 위한 것이라면, 정의를 위한 것이라면 마음과 시간과 목숨까지도 내어주는 것이 사랑이기 때문입니다. 그러므로 진정한 사랑은 '내려놓음'에서 '내어줌'까지 이어져야 한다는 것을 잊지 마시기 바랍니다.

아내는 무엇보다 남편에게 기를 살려주는 것이 중요합니다. 칭찬은 매사에 용기를 줍니다. 칭찬의 말과 용기의 말은 고래나 아이들에게만 소용되는 말이 아닙니다. 돈도 잘 벌어다 주고 잘 쓰고 대단해 보이는 남의 남편에게 의미 없이 잘 보이려고 멋 부리지 말고 주머니가 가벼워 풀죽은 내 남편에게 잘 보여야 피차 행복합니다. 남편도 마찬가지입니다. 아내가 조금만 잘못하면 "뭐 그 정도밖에 안 되느냐, 그 돈 다 어디다 썼느냐"고 윽박질러대지만, 한마디로 아내의 가슴에 '댓글달기 대못'을 박는 것과 같은 비겁하고 매너없는 사악한 언행이라는 것을 간과하지 말아야 합니다.

'내가 벌어서 가족이 먹고 사는데'하는 식은 진짜 매를 버는 일입니다. 옛날에는 그런 말이 통했을지 몰라도 지금은 어림도 없습니다. 아무리 친하고 가까운 사람도 살다보면 약점을 보일 때가 있기 마련입니다. 그래서 이해력이 요구된다 하겠습니다. 식성, 성품, 사고방식, 그리고 가치관 등을 잘 알아야 합니다. 동료나 동반자를 아는 지식은 오늘 내가 해야 할 과제를 아는 것 다음으로 중요하기 때문입니다. 학위는 없어도 행복할 수 있지만 사랑하는 사람들의 성품을 잘 이해하지 못하면 절대 행복할 수 없습니다.

행복의 비결은 '하고 싶은 재미있는 일'을 하는 데 있지 않습니다. '해야 할 의미 있는 일'을 기쁘고 하는 데 있습니다. 사랑과 배려와 섬김과 나눔의 삶을 통해 행복한 가정, 신뢰받는 노사, 밝은 사회, 그런 것들이 힘 있는 우리나라를 이끌어 가는 초석이 된다는 것을 믿습니다.

무엇보다 배우자와 자녀를 사랑하는 일은 가장 귀하고 아름다운 평생의 책무이기도 합니다. 부모가 자녀를 사랑으로 보살피는 것은 자녀가 성년이 될 때까지 만의 책무이지만 부부가 신뢰에 바탕을 두고 배려하고 보살피는 것은 평생의 책무입니다. 그렇다면 자식 사랑으로 부모의 책무도 중하지만 배우자를 사랑하는 책무가 더 크고 귀하다는 것을 잊지 마시고 행복한 삶을 살아가시길 축복합니다.

나는 한동안 나를 부정했다. 뭣에 홀린 거라고, 지금까지 가정도 아이들에게도 동료에게도 존경은 아니더라도 한눈팔지 않은 남편이고 아빠이고 털어놓고 차 한 잔 나눌 수 있는 선배라고 믿고 있었기 때문이다. 언제쯤 시간을 잡아 동료들로부터 진솔한 이야기를 들어보는 회식을 준비해야겠다. 말년 병장 아들에게 전화 한 통 넣어야겠다. 고3 딸아이 쑥스러운 아빠 버전으로 안아줘야겠다. 그리고 얼마만일까 큰마음 먹고 그야말로 큰마음 먹고 퇴근길에 장미 한 송이 사가야겠다. 돌아오는 답이야 뻔하다. 당신 무슨 일 있어? 뭐 나한테 잘못한 거 있어?

   이처럼 나쁜 거짓말에 왜 나는 마음을 쏟아 훔치는지 오래도록 밤을 뒤척인다. 아무리 힘들어도 가족 사랑으로 동료 사랑으로 우리 모두 지혜를 모아 살아갈 수 있었으면 좋겠다. 오늘따라 목사님의 거짓말이 그립다.

비워둔 칸, 하얀 여백

백사장표 챙모자 볕 든 줄 모르고
발가락사이 생모래 반음 높은 음계
　　　　　　　　　　남서쪽
　　　　　　　　낮달 파라솔
　　　　　비워둔 칸, 하얀 여백

비워둔 칸,
하얀 여백

비워둔 칸,
하얀 여백

비워둔 칸,
하얀 여백

비워둔 칸,
하얀 여백

비워둔 칸,
하얀 여백

비워둔 칸, 하얀 여백

비워둔 칸,
하얀 여백